Franz Ludwig Vytrisal

Gebete eines Ungläubigen

AF280495

Franz Ludwig Vytrisal

Gebete

eines

Ungläubigen

**Resümee
einer lebenslangen Suche**

Alle Rechte beim Autor
Allmendingen
2009

Buch· und Umschlaggestaltung
vom Autor
Illustration vom Autor

Herstellung und Verlag:
Books on Demand GmbH,
Norderstedt

ISBN–13: 9783837066067

Auf einem Berg.
Ringsum das Licht der Sonne
und ihre Kringel vor mir im Gras.

Weiße Wolken
von Blau durchträumt,
Schwalben als schwarze Punkte
am Himmel.
Endloser Horizont,
zitternd in der Wärme,
will die Zeit verwischen.

Zerrissener Wald
wie Felsbrocken verstreut,
Hügel,
die sich an die Erde klammern.
Ein unbewegter See:
trügerischer Spiegel einer Erde
ohne Jammern.

Jasmingelber Bahndamm,
Schienen als Linien
verlieren sich in raumloser Zeit.
Gleißende Sonne.
Luft voller Schleier.
Glocken
in der Ferne:
Rufe voller Sehnsucht
nach einem Himmel,
den es nicht gibt.   4.8.65

Manchmal,
Herr,
gehen wir
ein Stück Weges gemeinsam
- nur ein paar Herzschläge lang.
Dann ist der Zweifel
wieder stärker.
Und ich bin allein.
Frei und in Freiheit.
Aber allein
und leer
und einsam.
Ohne Zwiesprache,
ohne Resonanz,
ohne Sinn.

8.12.65

Immer, wenn ich traurig bin,
wünsche ich mir,
Herr,
es würde Dich geben.
Du würdest hinter mir stehen
und ich würde Deinen Atem fühlen,
tröstend
über meiner Schulter.
Und Deine Hand
ruht auf meinem Scheitel,
voller Anteilnahme
und Liebe,
als wärest Du mein Vater,
der schon zu Staub zerfallen ist
und den es nicht mehr gibt.
Warum,
Herr,
kannst Du nicht sein:
bei mir,
unter uns allen,
wo doch
viele Menschen dieser Erde
sich Dich wünschen
und nach Dir rufen.
Warum schweigst Du?
Warum bist Du ein Nichts,
das
nicht einmal die Hand
auf meinen Scheitel legen kann?

18.7.67

Du könntest
- falls es dich gäbe -
Herr,
nicht sagen,
ich hätte nicht versucht,
an Dich zu glauben.
Als Kind habe ich gebetet
und jedem Menschen
war ich dankbar,
wenn er sagte, daß es Dich gibt.
Später habe ich gekämpft
gegen alle Zweifel,
habe sie verdrängt und getreten,
sie gefürchtet wie den Tod.
Aber sie gleichen dem Meer,
in dem man ertrinkt,
wenn man nie Land,
wenn man nie Dich
zu sehen bekommt.
Du bist von mir fortgegangen,
Herr,
obwohl ich deine Hand
mit meinen beiden Händen
fest umklammert habe.
Du hast dich einfach aufgelöst
und nicht einmal
den Druck Deiner Hand
in meinen leeren Händen
zurückgelassen.

16.12.67

Oft rufe ich Dich,
Herr,
obwohl mein Verstand
an Dich nicht glauben kann.
Aber
meine Seele
will nicht aufhören,
zu hoffen
wider alle Vernunft.
Du brauchtest nur zu kommen,
Herr,
oder an meiner Tür vorbeizugehen,
und mir ein kleines,
ein winziges,
ein kümmerliches Zeichen geben,
daß Du es bist.
Ich würde niederknien,
würde still und glücklich weinen
und sagen:
Herr,
bleibe bei mir,
denn dann
kann ich wirklich leben.

12.2.68

Weißt Du noch,
Herr,
als es Dich noch gab,
wie geborgen
ich bei Dir war?
Ich schlief als Kind
ganz ruhig,
bei offener Haustür.
Und
ein fremder Mann im Wald
schreckte mich nicht,
denn Du
gingst ja mit mir.

Mitten
durch russische Truppen
bin ich geflohen
und
zu beiden Seiten
der Straßen
lagen die Leichen.
Mein Herz,
fünfzehn Jahre alt,
war voller Angst.
Aber,
ich konnte
zu Dir beten,
über Wege und Bäche,
auf Brücken und in Tälern,
bei Tag und bei Nacht.

Und als dann einer,
kaum älter als ich,
das Gewehr
in fanatischem Haß
gegen mich erhob,
hast Du ihm,
als alter Mann,
der neben ihm stand,
das Gewehr
aus der Hand genommen.

Heute
kann ich nicht mehr beten.
Vielleicht fehlt
die Mündung eines Gewehres
vor meinem Gesicht,
und der Glaube,
daß Du es dem andern
noch einmal
aus der Hand nehmen könntest.

16.9.68

My Lai, Vietnam, 16.03.1968

Kugeln
aus
pulverstinkenden Läufen
fressen sich
zischend
in fliehende Körper.

Schreien
Schreien
Schreien
Greise, Frauen, Kinder,
zucken
sinken
fallen.

Eine Frau,
riesige Augen,
offener Mund,
jagender Atem,
zitternder Körper,
Blut im Gesicht.
Ihre Hände
liegen
schützend am Leib
über dem Ungeborenen.

Soldaten,
Uniformen ohne Inhalt,
Haß
und tote Glasaugen
im Gesicht,
schießen,
sehen nichts,
hören nichts,
begreifen nichts.

Wütend
vom Wüten,
wütend
vom Töten,
töten
sie wütend
auch
das ungeborene Leben.

Wo warst Du,
Herr?

16.11.69

Menschen,
die wie ich nicht glauben können,
daß Du unter uns bist,
suchen Dich in den Sternen
als den Atem des Universums.
Aber ein Gott,
der Sterne als Spielbälle benutzt,
der Sonnen explodieren läßt,
Galaxien schafft
und wieder zerstört,
ein solcher Gott
ist so sehr
mit Großem beschäftigt
und denkt nur in Ewigkeiten.
Ich bin nur ein Staubkorn
in den Weiten des Alls.
Was ich suche,
Herr,
ist ein Gott,
der dieses Staubkorn sieht,
der es aufhebt,
es liebt und segnet,
nicht irgendwann in Ewigkeiten,
sondern jetzt,
hier und heute,
in Krankheit
und vor dem Tod,
so lange es
sein kurzes Leben lebt.

12.1.70

Ich fürchte, Herr,
daß Du
die Menschen nicht erschaffen hast,
sondern,
daß sie Dich erschaffen haben,
aus Angst
vor der feindlichen Umwelt,
aus Angst
vor der Einsamkeit,
aus Angst
vor dem Leben ohne Sinn
und
vor dem Sterben ohne Sinn.

Warum,
Herr,
hast Du zugelassen,
daß ich das erkennen kann?
Ich wollte,
ich wäre noch die erste Zelle im Ozean
oder nur
die Amöbe
am Ursprung des Lebens
oder eine Schwalbe oder ein Reh.
Sie können nicht denken,
sie wissen nichts,
und ich würde leben wie sie
im unbewußten Glück
der Geborgenheit.

6.4.70

Da sterben
seit
zweitausend Jahren
Milliarden von Menschen,
und hoffen
auf einen Gott,
der sie auferstehen läßt.
Und Gott schweigt,
weil es ihn nicht gibt.

Mir
ist es auch gleichgültig,
welche Bakterien und Würmer
meine Leiche fressen
oder
wohin mein Staub
mit dem Grundwasser fließt.
Ich
rufe nach einem Gott des Lebens,
der meine Hand hält,
wenn ich falle,
der glücklich ist,
wenn ich es bin,
und der,
wenn ich weine,
einfach nur da ist
und
der sich von mir segnen läßt,
weil es ihn gibt.

17.8.71

Manchmal
gehe ich noch zur Kirche,
im Advent,
um ein Konzert, eine Motette,
ein Quempas zu hören,
den Frieden der Musik zu spüren.
Aber die Lesungen dazwischen
aus der Schrift
ziehen mir das Herz
vor Empörung zusammen.
Ich fühle mich belogen und betrogen
von Worten einer Verheißung,
die es nicht gibt.
Neben mir und um mich herum
stehen Menschen
mit tief gesenktem Haupt
und murmeln Gebete.
Ich stehe aufrecht
und schaue mich um
und erschrecke jäh,
im starrenden Blick eines andern:
In seinem Gesicht, in seinen Augen
sehe und erkenne ich mich selbst:
die gleiche Empörung,
die gleiche Verzweiflung,
die gleiche Einsamkeit,
und einen Herzschlag lang
sind wir Brüder
im Geiste der Verlorenheit.

21.3.72

Kämest Du,
Jesus,
heute noch einmal
auf die Erde
und schautest Dich um
so wie damals
vor zweitausend Jahren,
Du würdest
Dein Volk,
Deine Kirche
nicht erkennen.

Sie sind erstarrt
in Äußerlichkeiten
und Konventionen,
sie haben
Deine Gebete
zu Dogmen vermarktet
und
aus Glaube, Liebe und Hoffnung
ein Geschäft gemacht.

Kämest Du,
Jesus,
heute noch einmal wieder,
es würde Dich
Dein Volk,
Deine Kirche nicht erkennen
und Du wärest
so wie damals

vor zweitausend Jahren
unter lauter gläubigen Pharisäern.

Sie würden
Dich nicht mehr kreuzigen
- sie sind ja sooo human! -
sie würden nur
über Dich lachen
und spotten.
Für sie
wärest Du nur ein Spinner
mit den verwelkten Träumen
einer versunkenen Zeit,
und sie würden
nicht einmal hinhören,
wenn Du wieder,
noch einmal
und aufs neue
für sie betest:
Herr,
vergib ihnen,
denn sie wissen nicht,
was sie tun!

31.1.73

Sommersonne,
gleißendes Licht
über Felder
und Wiesen
und Wälder,
über allen Fluren ringsumher.
Der Kuckuck
ruft in der Ferne
und ein Storch
zieht Kreise
im Blau des Himmels.
Libellen
über klarem Wasser.
Butterblumen
und Stiefmütterchen
blühen am Bach
und
auf der Brücke darüber
steht ein Junge,
barfuß,
wirres Haar,
kurze Hosen,
verwaschenes Hemd.
Aber glücklich,
den Sommer zu sehen,
zu hören,
zu riechen,
zu schmecken.
Und voller Gottvertrauen.
Und voller Gottvertrauen!

Wann,
Herr,
hast Du mich
aus diesem,
aus meinem Paradies vertrieben?
Und warum,
Herr,
warum?

6.7.74

Sie sind
fortgegangen,
freiwillig
fortgegangen:
Vincent van Gogh,
Jack London,
Ernest Hemingway,
Kurt Tucholsky,
Stefan Zweig
und viele,
viele andere,
namenlos und verzweifelt.
Warum,
Herr,
bist Du nicht bei ihnen geblieben?
Warum,
Herr,
hast Du sie,
einsam und hoffnungslos
gehen lassen?
Wie meinen Großvater.
Wie meinen Vater.

Herr,
muß auch ich
in einer Nacht
voller Verzweiflung
und Hoffnungslosigkeit
von hier fortgehen?

11.11.75

Heute abend,
an meinem Geburtstag,
bin ich fröhlich.

Ich bin selig von Wein
und Sekt
und
ich möchte Dich umarmen,
Herr,
auch wenn es Dich nicht gibt.

Mein Geist
schwebt frei nach oben,
der Verstand
ist heute still.
Mein Herz
das möchte singen
und die Zweifel
ticken nur leise,
dort,
wo ich heute nicht bin.

Ich schwebe in den Wolken,
der Himmel,
der ist rosenrot,
ich bin bereit,
zu glauben
und zum Leben
nach dem Tod.

21.12.76

Ein Bettler
auf der Straße,
ein weinendes Kind,
die Augen
eines Verzweifelten
mit dem irren Licht
der Depression.
Das Gesicht
eines Getretenen,
eines Gequälten,
eines Verlorenen.
Ein Mensch,
der bitterlich weint,
dem die Angst
das Antlitz zerstört,
der lautlose Schrei
der Bitterkeit,
der Resignation,
der Verlassenheit,
der Trauer
und der Einsamkeit.

Immer,
wenn ich
ein
solches Gesicht sehe,
kann ich
nicht hineinschauen
und zwinge mich,
es doch zu tun:
Und mir ist,
als wäre
das Antlitz des Gequälten,
dem nur
die Dornenkrone fehlt,
mir
seit ewigen Zeiten bekannt.

Bist Du es,
Herr?

5.2.77

Berge
im Abendlicht,
Gemsen
in den Felsen.
Der rote Himmel
spiegelt
sich im Bach.
Forellen
zischen
wie schwarze Pfeile
von Ufer
zu Ufer.

Hirsche röhren
in den Oktober,
und der Wald
steigt
gelb und rot und orange
die Hänge hinauf.

Das alles
ist Natur,
ist Gott,
ist Gottes Natur:
Majestätisch,
schön,
sinnlos,
und hoffnungslos
in
ihrem Werden und Vergehen.

Sie wird in Jahrmillionen
ins Nichts
versinken
weil die Sonne verlöscht
und die Erde stirbt.

Was fehlt,
bist Du,
Herr,
mit der Einlösung
Deines Versprechens
vor zweitausend Jahren,
daß Deine Hand
schützend über allem liegt:
Über dem Regenwurm,
über dem Murmeltier,
über dem Adler,
über dem Menschen,
– über mich!

18.10.77

Ich halte
die Hand eines Toten,
der soeben
fortgegangen ist.
Er hat
nach Dir gerufen,
Herr,
blau im Gesicht,
die Angst des Todes
in den Augen,
die rasenden Schmerzen
und die Atemnot
des Herzinfarktes
in der Brust.
Jetzt liegt er still
und
seine starren Pupillen,
in denen
sich eine Neonröhre spiegelt,
sehen mich an.
Sehen mich an!
Ich halte
noch immer
seine Hand:
An Deiner Stelle,
Herr,
denn er hat nach Dir gerufen,
nach Dir getastet,
mit
zitternden Fingern.

Aber,
Herr,
Du warst nicht da
und so habe ich,
obwohl ich
nicht an Dich glaube,
Dich vertreten
– in der Hoffnung,
daß vielleicht
eines Tages,
wenn ich zum letzten Mal
suchend
um mich greife,
eine andere Hand da sein wird,
die mich
an Deiner Stelle
streichelt,
bis ich
von hier fortgegangen bin.

2.5.78

Menschen
gehen
an mir vorbei,
den Moloch des Konsums
in ihren Einkaufstaschen
und in ihrem Gesicht.

Die blinden Augen
sehen mich nicht;
sie sehen auch
sich selbst nicht mehr.
Sie gehen
an sich selbst vorüber,
ohne
sich je begegnet zu sein.
Sie suchen
im letzten Winkel
ihres Herzens
den Sinn des Lebens
und, weil sie ihn nicht finden,
decken sie ihn zu:
Mit Schlemmen
und mit Alkohol,
mit Sex,
mit Reisen um die Welt,
mit rastloser Freiheit,
mit Betäubung
und Süchten
und der Jagd
nach der Zeit.

Aber
in ihren blinden Augen
– Spiegel ihrer Seele –
irrlichtert
noch ein Funke der Hoffnung,
daß
jemand
ihnen den Weg zeigt
zu einem Glauben,
den sie glauben können,
und sie wären bereit,
dafür
ein Kreuz zu tragen.

Es gab
und gibt keine Wunder
und es wird
nie welche geben,
denn was so aussieht,
wie ein Wunder,
sind nur Naturgesetze,
die wir
noch
nicht kennen.

Ein strenger Gott
hat alle sie geschaffen,
sinnlos
im Werden
und Vergehen.
Er ist das Gesetz,
das Gesetz ist er
und er kann
sich selbst
und sein Gesetz
nicht brechen,
nur
um irgendeinen Kleingeist
wie mir
zu beweisen,
daß es ihn
– vielleicht –
gibt.

30.12 81

Regen am Himmel,
und in der leeren Kirche
ist es kalt.
Putten und Prunk wie überall,
nur die verblaßten Bilder
an den Wänden
im Halbdunkel
hinter einem Seitenaltar
ziehen mich an.
Und da liegt,
wie in einer vergessenen Kammer
ein großes Kreuz
auf einem alten Sockel
und der rechte Holzteil
mit der aufgenagelten Hand
ragt weit
in den Raum hinein.
Ich sehe jede Faser,
die Haut, die Adern,
und ich lege
ganz langsam
meine Hand in die seine.
Ich weiß, es ist nur Holz und Farbe,
aber mir ist's,
einen kleinen
glücklichen Herzschlag lang,
als hätte ich
meiner eigenen Seele
die Hand gegeben.

27.5.84

Buddha,
Moses,
Jesus,
Mohammed
und viele,
viele namenlose andere
- ich weiß,
sie sind nur ein Synonym
für die Suche
nach dem ewigen,
unbegreiflichen Geist,
der alles erschafft
und alles zerstört.

Unser Gehirn ist
nicht geschaffen,
um irgend etwas
verstehen zu können
vom Leben,
von der Ewigkeit,
vom Tod.
Es ist,
als wollte
man einer Schnecke,
einer Fliege,
einem Schmetterling,
einem Spatz,
einem Pferd
das Denken
eines Menschen erklären.

Was Buddha, Moses,
Jesus, Mohammed
und die anderen
im tiefen Gebet
und in den Meditationen erschauten
– in Bildern und Visionen,
in Glück und Harmonie,
im Weltall des Kosmos
und in ihrer Seele –
konnten sie,
kann kein Mensch denken,
erfassen und erzählen
und so behalfen sie sich
mit Gleichnissen,
machten damit
das Unfaßbare faßbar,
formten Krücken
für unser suchendes Gehirn:
Religionen.

Und so sind wir
Krüppel geworden,
die nicht mehr selbst
in ihren eigenen Worten beten,
die
nicht mehr erschauern können
im Nichtbegreifen
des Unbegreiflichen,
das in uns
über allen Seelen schwebt.   2.4.85

Stockdunkle Mitternacht.
Jaulender, wütender
Schneesturm.
Weiße Flockenwände ringsherum.
Der Wagen
schlingert durch die Verwehungen.

Die Klinik,
mitten im tiefverschneiten Garten.
Licht
noch in den Fenstern.

Der Sauerstoffapparat
zischt und bläst
und
verhüllt ihr Gesicht.

Die Atemmaske fällt.
Die Augen,
erloschene Augen:
Sibylle,
meine Frau.

Gestorben
mit Siebenundzwanzig,
durch eine
Lungenembolie
nach dem Kaiserschnitt
bei der
Geburt unserer Tochter.

Ich streichle ihr Gesicht,
verberge danach
meines in den Händen.

Ihre letzten Worte,
gestern, bevor ich ging,
ohne Zusammenhang
verworren, im Fieber:
Wann fahren wir nach Garmisch?

Das Echo
ihrer Stimme
trommelt in meinem Gehirn.

Alptraum.
Aufwachen,
aufwachen!

Schweißnaß das Gesicht.
Das Nachthemd klamm und kalt.
Ich bin wach
und trotzdem stirbt Sibylle
noch einmal
vor meinen Augen.

Nach dreißig Jahren des Todes
besucht sie mich.
Soll ich glauben, Herr,
es gäbe sie noch
und sie wäre bei Dir?   24.2.86

Wenn es Dich gibt,
Herr,
dann lebst Du nicht
als bärtiger alter Mann
in irgendeiner
jenseitigen Buchhaltung
für Sünde und Strafe.

Du lebst auch nicht
über den Wolken,
nicht im Universum,
nicht im Himmel
und nicht im Paradies.

Du bist
ein Teil von allem,
Du atmest
in jedem Menschen,
in jedem Tier
vom größten Wal
bis zu kleinsten Mücke,
in jedem Baum,
in jedem Strauch,
in jedem Halm
und in jeder Blüte,
in jeder Ackerkrume,
in jedem Stein,
im kleinsten Staubkorn
und auch noch
in den Elementarteilchen des Atoms.

Du bist im Wasser,
in der Luft
und in der Erde,
in der Finsternis
und ebenso im Licht.

Du lebst,
Herr,
auch in meinem Gehirn,
in meinem Herzen,
in meiner Seele.
Du bist
ein Teil von mir
und ich
bin ein Teil von Dir.

Aber:
Wieso,
Herr,
läßt Du mich das erkennen,
ohne
daß es mir hilft?

Ich weiß,
ich kann nur das sehen
und begreifen,
was durch die Evolution
für Körper und Geist,
für mein Leben
und Überleben wichtig ist.

Meine Suche
nach dem Geist,
nach Gottes Geist
stößt bald
an eine Grenze,
gleich
einem riesigen Urwald,
undurchdringlich,
ohne Weg,
ohne Pfad,
ohne Lücke,
nur
ein paar Spuren am Rande:
von Buddha,
von Moses,
von Jesus,
von Mohammed.
Sie haben
ein paar Schritte
hineingefunden,
bevor sie geblendet
stehengeblieben sind

und dann lobten
und sangen
im Glück der Berührung
mit dem Unberührbaren.

Ich folge ihren Spuren,
so weit ich kann,
bitte sie,
mich
an ihrer Hand mitzunehmen
bis zur Grenze
ihres letzten Schrittes
- und
ich habe doch Angst davor,
einer von ihnen
könnte es wirklich tun.

4.8.87

Herr,
ich bin müde,
todmüde,
und
ich will jetzt schlafen gehen.
Ich möchte heute
nicht mehr mit Dir reden,
weil Du mir
ja doch
keine Antwort gibst,
mir noch nie
eine Antwort gegeben hast,
weil Du
nur ein Wunschtraum bist.

Und sollte es Dich geben,
so möge stets
Dein Wille
über mich geschehen,
aber
wenn es möglich ist,
Herr,
dann hilf mir,
bitte,
in meiner seelischen Not,
die manchmal
so groß ist,
daß ich morgen
nicht mehr aufwachen möchte.

16.2.88

Gott,
wenn es ihn gibt,
ist kein Missionar,
kein Eiferer,
kein Fanatiker,
kein
Sündenzähler,
kein Rächer,
kein
Sortierer für
das Fegefeuer
und die Hölle,
kein Kriegsherr,
kein Spiegelbild
von thronenden
Kaiser und Königen
und
auch kein Kirchenfürst.

Gott,
wenn es ihn gibt,
ist ein Bettler:
Er bettelt um Liebe!

18.4.89

Energie am Anfang,
milliardenfach
geballte Energie
von der Größe
einer winzigen Perle.
Und dann
der Urknall,
der in Milliarden Jahren
Milliarden Milchstraßen,
jede mit Milliarden Sonnen
schuf
und Milliarden Jahre
das Universum dehnt
bis die
Milliarden Sonnen
in Milliarden Milchstraßen
in Milliarden Jahren
verlöschen,
explodieren,
implodieren,
in schwarze Löcher fallen
und erneut
zu Energie werden,
zu Milliardenfach
geballter Energie,
und das Weltall
schrumpft wieder,
um vielleicht in
einem neuen Urknall
neu geboren zu werden,

zu einem neuen
sinnlosen
und gnadenlosen Mechanismus
von Ewigkeit zu Ewigkeit.

Oder,
Herr,
mußt auch Du noch reifen
durch
Werden und Vergehen
von Raum und Zeit,
um einst
Welten und Wesen zu schaffen
ohne Angst,
ohne Qual
ohne Leid
und ohne Tod?

30.11.90

Heute nacht,
Herr,
träumte ich,
daß es Dich gibt.
Es war ein Traum
nach einem alten Gleichnis:
Ich sah
eine Fußspur im Sand
und eine Stimme sagte
– Deine Stimme, Herr – :
Das ist deine Lebensspur.
Schau:
Hier die Kindheit,
hier die Jugend,
da die Familienjahre
und jetzt
die Spur
in deinem Alter.

Und die Spur
neben meiner Spur?
fragte ich.
Es ist meine Spur,
sagte die Stimme
– Deine Stimme, Herr – :
Ich war immer bei dir,
auch wenn du es nicht wußtest,
auch dann,
wenn du mich
nicht haben wolltest.

Aber hier,
rief ich,
triumphierend
und doch verzweifelt,
schau, hier,
mitten in meinem Leben,
mitten in meinem größten Elend
ist nur noch meine Spur:
Da bist Du
von mir fortgegangen,
da hast Du
mich allein
und im Stich gelassen!

Das ist nicht deine Spur,
sage die Stimme
– Deine Stimme, Herr – :
Das ist nur noch meine Spur:
Von hier ab
trage ich dich!

(Frei nach dem Gedicht
Spuren im Sand
von Margaret Fishback Powers)

22.1.91

Strahlender Sonntag.
Glocken
rufen zum Gebet.
Ich gehe zur Kirche:
In mir lebte,
damals, Herr,
noch ein Glaube,
den ich
gegen alle Zweifel abschottete,
getragen
von dem Gefühl,
ohne Glaube
nicht leben zu können.

Dämmerlicht
im Kirchenschiff,
vertraute Dunkelheit
im Beichtstuhl.
Ich erzähle
von meiner großen Liebe,
von Verlobung
und Hochzeit
in einer evangelischen Kirche
und erwarte,
voller Zuversicht,
Herr,
Verständnis,
Anteilnahme
und Güte
von Deinem Stellvertreter auf Erden.

Aber der Mann
hinter
dem Maschengitter,
ist erschrocken, entsetzt.
Ich bin plötzlich
sündig und verdammt,
aller Gnade ledig.
Das Strafgericht Gottes
schwebt über mir,
fordert
die sofortige Änderung
meines
lasterhaften Zustandes
und droht ansonsten
mit Exkommunikation
und Hölle.

Als Hilfe zur reuigen Umkehr
mit dem Beten der Buße
von zehn Vaterunsern
unwirsch entlassen,
taumele ich
benommen
durch den Vorhang
aus dem Beichtstuhl.

Ich habe
nie wieder
einen betreten.

30.6.91

So lange
ich denken kann,
hatte ich immer
in mir
eine unbegründete,
eine unerklärliche
Angst,
von den leisen,
unterschwelligen Gefühlen
bis hin
zum Rande der Panik.

Es ist eine
zerstörerische Angst,
die meine Vernunft
und meinen Verstand
ignoriert
und
mein Gehirn
mit maßlos übertriebenen
Gefühlen
überschwemmt:
Scham
und Schuld.
Wehmut,
Mitleid
und Trauer.
Hoffnungslosigkeit,
Verzweiflung,
Depression.

Da ich
diese Angst
in mehr
als sechzig Jahren
nicht habe
überwinden können,
muß ich sie
endlich
annehmen
und trotzdem
zu leben versuchen,
Tag
für Tag
bis hin zum allerletzten.

Ich muß aktiv bleiben,
notfalls
wie ein seelenloser Automat,
und
muß warten,
bis die Angst
immer wieder einmal
für ein paar Stunden
oder einige Tage
die Seele atmen
und mich
danken läßt,
noch nicht
gestorben zu sein.

9.6.93

Mit siebzehn Jahren
sollten Mutproben
die unbegründete, unerklärliche Angst
in meiner Seele befrieden.
Ohne Gebet
zu Gott um Beistand.
Diesmal wollte ich ALLEIN kämpfen.

Beim Wanderzirkus:
Als Laie auf dem Freilufthochseil.
Die Hände auf den Schultern
des Meisters
mit der Stange vor mir.
Auf einem langen, dünnen Seil.
Hin und zurück.
Unter mir
ein löchriges Auffangnetz,
über dem Abgrund der Tiefe.

Nacht und Vollmond:
Auf dem steinernen, hohen Geländer
der langen Donaubrücke.
Tastend, balancierend,
um nicht tief hinunter
in den reißenden Fluß zu fallen.
Jähes Erschrecken,
wenn ich in diese Richtung schwankte.

Es reichte
über den Fluß und zurück.

Ein trockener Sommer
verbaute mit einer Sandbank
eine Seite im großen Fluß.
Zusammengedrängte Strömung
schoß unter die Brücke.

Schwimmend auf halben Weg zur Sandbank
packte ein kalter schneller Zug
meinen Körper
und trieb ihn der Brücke zu.
Entsetzen: Dahinter
drehte sich ein großer Strudel,
dem mein Können nicht gewachsen war.
Davor ragte ein Kahn
vom Ufer schief in den Fluß.
Alle Kräfte reichten nicht.
Ich würde an ihm vorbeitreiben!
Atem anhalten. Kopf unter Wasser.
Sinkend ertasteten die Füße den Boden,
stießen sich verzweifelt ab
zum Ufer und zur Luft.
Noch einmal hinunter und schräg hinauf.
Die Hände schießen hoch,
krallen sich
in die vorderste Spitze des Kahns.
Laut dröhnen der Strudel und mein Kopf.

Die Angst
und die Angst vor der Angst
sind trotzdem geblieben.   24.6.93

Gott
ist kein Buddhist,
kein Jude,
kein Mohammedaner
und auch kein Christ.

Gott ist Liebe:
Die tröstende Hand
auf einem Scheitel,
eine Geste
von Zuneigung und Güte,
von Verzeihen und Vergeben,
von Zuhören und Verstehen.
Worte,
die Tränen trocknen,
Hilfe,
dem der Hunger hat,
einem Sterbenden
die Hand halten,
einen
geschlagenen Hund trösten,
einen
Baumstamm umarmen,
die
schützende Hand
über einen Marienkäfer:
Das alles ist Liebe,
das alles ist Gott
- wenn es ihn gibt.

1.8.93

Auf der ganzen Welt
Krieg und Mord,
Folter und Grausamkeit,
Elend und Leid.
Herr,
wie kannst Du als Gott der Liebe
Jahrtausende lang
Tag für Tag zuschauen,
ohne voller Erbarmen
einzugreifen?

Oder ist dann,
wenn Du Dich einmischt,
die Evolution zu Ende?
Brauchst Du sie vielleicht
so lange,
bis alle Deine Geschöpfe
durch
milliardenlange Evolution
die Last
ihrer Körper verlieren
und nur noch Geist sind,
für den es dann
weder Raum noch Zeit gibt,
und Deine Geschöpfe
dadurch
erst erkennen können,
welchen Sinn
das Leid der Welt hat?

11.1.94

Ich habe Dich gesucht,
Herr,
viele,
viele Jahre
in all den Büchern,
die ein Leben
nach dem Tod
bezeugen wollen,
die berichten,
vom strahlenden Licht
am Ende eines Tunnels
an der Schwelle des Todes.
Vom Abholen
am Sterbebett,
von Botschaften
und Erscheinungen von drüben.

Von der Esoterik
bis zur Parapsychologie
mit klangvollen Namen:
Dr. Kübler-Ross,
Dr. Raymond Moody,
Dr. Kenneth Ring
Dr. Milan Rýzl
und so weiter, und so weiter,
habe ich
bangen Herzens gesucht
und
mit weinender Seele
keinen Trost gefunden.

Jeder Sterbende
sieht und erlebt,
im letzten verglimmenden Feuer
der
Nervenbahnen seines Gehirns
das,
was er sich ersehnt,
um Angst,
Entsetzen
und Panik
vor der
absoluten Vernichtung
von Körper
und Geist
ertragen zu können.

Die
sogenannten
Beweise für Gott
und das Jenseits
sind
für den ungläubig Suchenden
ohne Weg
und ohne Steg.

18.5.94

Ein verhangener Sommertag.
graue Pfützen
am Rand des Weges.

Warten auf die Diagnose
für Lilli, meine Frau,
nach unklaren Symptomen
über Wochen und Monate.
Sie hatten nichts gefunden,
obwohl sie nach zwölf Tagen Suche
im Flur des Krankenhauses
zusammengebrochen war.

Jetzt winkt sie mir,
vom Glasportal des großen Hauses.

Sie ist noch kleiner,
schmaler, zierlicher
als sonst.

Ich schaue ihr
in die Augen.
Ich habe es
nach fast vierzig Jahren Ehe
schon lange nicht mehr getan.

Sie ist mit mir
durch
alle Tiefen gegangen.
Höhen hatten wir keine.

In ihren Augen flackert der Schock:
Pankreaskrebs.

Ich weiß, was die Diagnose bedeutet.
Sie auch.
Auf der Heimfahrt weine ich.
Sie nicht.

Herr, gäbe es dich,
würdest Du sie von heute an tragen.

Zuhause ist alles fremd:
Die Zimmer, die Schränke, der Tisch,
die Wände, der Boden, die Decke.
Die Vergangenheit, die Gegenwart,
am stärksten die Zukunft.

Mein Kopf ist ganz dumpf,
alles weit weg,
als hätte jemand
mit dem Hammer draufgeschlagen.
Ich sage es ihr.
Sie lächelt verloren.

Nachts erst höre ich sie weinen,
leise und bitter vor sich hin.
Ich bin zu feige, nach ihr zu tasten,
weil ich selber
wie gestorben bin.

31.08.94

Sie haben sich geirrt,
erkennt dann der Chirurg:
Kein Pankreaskrebs,
sondern zerfressene Ovarien
mit Metastasen überall.
Statt ein Jahr Überlebenszeit,
vielleicht zwei oder drei.

Ich funktioniere wie ein Automat,
bin unter Menschen
ganz allein.
Höre
mir selber zu beim Reden
und wundere mich
über die gestanzten Sätze,
die in mir leben.

Sogar ein paar Worte der Hoffnung,
bringe ich aus mir heraus.
Sehe dann ihr Gesicht
und ihre Augen
und verstumme
mit bröckelnder Stimme.

Weinen in der Stille.

Sie will kämpfen.
Ihre Seele
war schon immer stärker,
als die meine.

Keine Polychemie,
die mehr zerstört als heilt.
Eine neue Chemotherapie
aus der südamerikanischen Eibe
soll jetzt das Wundermittel sein.

Zögernd nehmen wir
den Faden der Hoffnung
in unsere zitternden Finger.
Wir wollen glauben,
wir wollen leben!
In mir bleibt es finster wie immer.

Die Infusion tropft in ihre Venen.
In ihren Augen streiten sich
Licht und Zweifel.

Die Nebenwirkungen
zerstören Haut und Seele.
Jeder Tag ist eine Qual.
Sie jammert nicht und hofft.
Und erst als sie sich
im Spiegel ohne Haare sieht,
weint sie laut und lange.

Ich nehme sie
an Deiner Stelle, Herr,
in die Arme
und weine mit ihr.

2.2.95

Wir wandern,
gehen
Hand in Hand
sanft hinauf
und hinunter,
durch Wiesen
und Wald
der schwäbischen Alb,
zur Burg auf der Teck.

Lilli hat wieder Haare,
so kraus
und schwarz
wie nie zuvor.

Ihr Schritt ist leicht
und federnd
wie in jüngeren Zeiten.
In ihren Augen
schimmert
verhalten
die Hoffnung.

Wir zählen immer wieder
uns gegenseitig
die Punkte auf,
warum
es vorwärts geht,
warum
sie überleben wird.

Gleitende Flecken des Sonnenlichts,
überall,
grüner Garten ringsherum,
weißschäumende Wolkentürme
wachsen in den hellblauen Himmel.

Herr, gäbe es dich,
würdest Du
diese Sekunden nicht zerstören.
Die Gedanken
an den Tod blieben tief unten
und taub und stumm.

Wir stehen auf dem Mauersims
und schauen in die Ferne.
Ein feiner heller Dunst
schwimmt über den Horizont.

Wir sitzen
auf einer warmen Bank
und lassen unsere Hände nicht los.
Wir schweigen
und wissen beide,
was der andere fühlt.
Mit dem Abend
steigt die schwere, schwarze Wand
des Zweifels und der Angst
aus den Tiefen des Solarplexus,
aus dem Bauch
wieder ins Gehirn.   3.8.95

Mit dem Herbst
kam der Sturm.
Die Tumormarker
stiegen wieder an,
fielen dann noch einmal
gnädig
vor Weihnachten
und stürmten
im Januar erneut nach oben,
über alle Rekorde hinaus.

Vertrauen
wird zu Straßenstaub,
Zuversicht
wird zum Kehricht,
Hoffnung
wird zum Müllhaufen.

Diesmal
tropfen
Zweifel und Angst
mit der
Chemotherapie aus Eiben
in die Venen.

Wieder zerstören
die
schrecklichen Nebenwirkungen
das Gefühl,
am Leben zu sein.

Wieder
fallen alle Haare aus.
Sie kennt das schon.
Sie weint nicht mehr.

Ich bewundere
ihren klassischen Buddhistenkopf
von allen Seiten
und versuche, Vorteile zu finden.
Ein verlorenes
Lächeln
steht in ihrem Gesicht.

Die Tumormarker fallen,
hinterlassen aber
Zweifel,
Mißtrauen,
Angst.

Erneuter Haarwuchs
ist keine Hoffnung mehr.
Es bleibt, bange, die Frage:
Wie lange diesmal?

Wie lange noch, Herr?

Warum bist Du nicht da,
wenn ich beten will?

4.4.96

Da uns das Leben
keine
Chance gegeben hatte
oder
wir sie vielleicht auch
verpaßt haben,
wollten wir
im ersten Rentnerjahr
die Grüne Hochzeitsreise
nachholen,
im zweiten Rentnerjahr
die Silberne Hochzeitsreise
und im dritten Rentenjahr
zum Ausgleich
für die Verspätungen
die Goldene Hochzeitsreise
vorverlegen.

Statt dessen:
Ovarialkrebs.
Nach der zweiten Chemo
lange müde, matt.
Probleme
schränken die Bewegung
beim Wandern
immer mehr ein.

Erstes Traumziel: Nepal.
Nicht aufgeben.
Einer stützt den andern,

bis
keiner mehr stützen kann.
Aus Liebe zum andern
möchte
jeder durchhalten,
will dem andern
nicht den
lebenslangen Traum zerstören.

Wer mit dem Tod schläft,
betrügt sich
nicht lange,
wird realistisch.
Sie durchschaute
uns beide.

Wir haben
uns in den Arm genommen
und
begruben weinend
unsere
versäumten
Hochzeitsreisen.

Könntest Du nicht,
Herr,
nur um es einmal zu versuchen,
Deine Hand
auf ihren Scheitel legen?

31.8.96

Im auf und ab
der Tumormarker
wandert die Seele
zwischen Fegefeuer
und Hölle,
zwischen Hölle
und Fegefeuer
hin und her,
zwischen Chemo
und Nebenwirkungen,
zwischen einem Funken Hoffnung
und neuen Allergien.

Schläuche
an den Handgelenken
und
in der Armbeuge
und
am Schlüsselbein.

Haut verdrahtet.
Kabel überall.

Zusammenbruch
des Immunsystems.
Infusionen. Antibiotika.
Sauerstoffmangel,
Atemenge.
Anämie. Leukämie.
Entzündungen überall.

Wasser im Gewebe
wölbt
sich gnädig
um die Kachexie.

Penizillin,
versehentlich gegeben,
jagt
den Körper
bis
zum anaphylaktischen Schock.
Große Augen im
leinenweißen Gesicht
betteln
um die Gnade,
zu atmen,
weiter zu leben,
noch eine Minute,
ein paar Stunden,
zwei, drei Tage.
Nicht
jetzt schon sterben.
Nicht so schnell.

Sie will noch nach Hause.

Aber auch dort
gibt es keinen Gott,
der auf sie wartet.

5.12.97

Wir haben
uns versprochen,
niemals
den andern
von Fremden
pflegen zu lassen,
sondern da zu sein
füreinander
bis zum Tod.

Keinen vollen Löffel
behält sie mehr.
Ich lerne
sie am Leben zu halten
durch Nährstoffe
über die Vene
am Schlüsselbein,
im Wechsel
mit Medikamenten.

Die Nacht wird zum Tag.
Der Tag bleibt der Tag.
Mangel an Schlaf:
Zum Reden zu müde,
nervös,
ungerecht,
Egoismus,
Mangel an Mitleid,
schlechtes Gewissen:
Perpetuum mobile.

Manchmal
schleppt sie sich
nachts ins Wohnzimmer,
will nur allein sein,
nichts und
niemanden sehen.

Alleinsein
und Stille
bohren Ängste in ihren Kopf.
Sie fühlt sich gestorben
und
zwei Meter tief
im Dunkel unter der Erde,
ohne Licht
und ohne Glauben.

Weinend
kommt sie wieder.

Wenn ich
mich sanft an sie kuschele,
kuschelt
sie sogleich zurück,
leicht
wie eine Feder,
ein letzter Hauch von Leben,
gefühlt,
wie zarte Seide im Gesicht.

29.6.98

Lilli war
das schwarze Schaf
in ihrer Familie.
In ihrer bigotten
pietistischen Familie.

Schon als Kind
wollte sie nicht glauben,
ohne zu fragen.
Sie fragte,
weil sie glauben wollte.

Ohne Antworten
lehnte sie sich auf.
Blinder Glaube ohne Fragen
war gefordert.
Der erreichte ihre Seele nicht.

Die Strafen
dafür
verstand sie nicht.
Mit ihnen
eilte der Glaube
zum Horizont.

Die Vorstufe der Hölle
war für sie
der finstere,
nach Most riechende
tiefe Gewölbekeller,

in den
sie hinunter gestoßen wurde,
bevor der Schlüssel
im Schloß
kreischend
um Hilfe schrie.

Sie weinte,
bis
keine Tränen mehr kamen.
Ihre Seele starb
an den tausend Ängsten
in der
lichtlosen Finsternis.

Sie sollte beten.
Nur eine kleine, kurze Zeile,
und die Tür
über ihr würde sich öffnen.

Sie betete nicht.

Noch jetzt,
noch heute
sehe ich den schwarzen Keller
in ihren Augen.

Sie betet nicht.
Auch nicht mit mir.

4.7.98

Die kleine Lilli:
traurig, aufsässig,
ungläubig, bestraft.

Immer läuft sie dann
ins Treppenhaus,
steigt tappend,
am Geländer sich ziehend,
zum Fenster
am Zwischenpodest hinauf.

Dort steht sie oft und lange
und sieht hinaus,
denn die Scheiben
und durch diese die Welt vor ihr
sind rosarot.

Das Dunkel um sie verblaßt.
Ihre Augen hellen sich auf.
Niemand ist ihr böse,
in diesem Farbenlicht.
Gott spricht nicht mehr von Sünde
und dem jüngsten Gericht.
Und selbst der Keller
und die Hölle
schimmern tröstlich rosarot.

Sechzig Jahre später
schreibt sie sich alles von der Seele,
in einem schmalen Band,

weil sie
in ihrem ganzen Leben
keinen
Frieden fand.

Sie sucht nach einem Titel
für ihr kleines Buch,
tage- und wochenlang.
Und findet ihn:
Das rosarote Fenster.

Sie will diese Brille tragen
um nicht
zu hart zu sein.
Sie will verstehen
aber nicht verzeihen.

Als Dedikation
steht dann klein
auf Seite fünf:

In tiefer Trauer
all denen gewidmet,
die mich nur dann liebten,
wenn ich tat,
was sie wollten
und dadurch
meine Seele
zerstört haben.

1.8.98

Nach Monaten
des Hoffens und Sterbens
sieht der Arzt
meine Erschöpfung.

Er schickt eine Frau,
morgens und abends,
nur zur Pflege
von Haar und Haut.

Lilli ist einverstanden.

Es ist eine fromme Frau.
Eine Samariterin des Glaubens.

Nur ein Satz
von Gottes Schutz zum Abschied
und die Kranke erwacht
aus Dösen
und Ohnmacht.
Begehrt auf,
wehrt sich
hart und lebendig
gegen diesen Gott,
den es nicht gibt,
mit dem man
die Menschen knutet
mit Angst vor der Sünde
und der Strafe
am Tag des Jüngsten Gerichts.

Erschrocken verspricht die Frau,
der Kranken
ihr den Frieden
und ihren Unglauben zu lassen.

Aber Lilli
erfaßt in dem Gesicht der Frau
die Starrheit
um den angeblich richtigen Glauben,
sieht in den Augen
Mitleid und Trauer
um den Verlust
eines christlichen Schäfchens,
erkennt in ihr
die gottgeschlagene Dulderhaltung
ihrer Eltern, Geschwister,
dem Dekan,
dem Professor der Theologie,
und den anderen Verwandten.

Sie personifiziert
diese Frau
mit ihren Qualen
als Kind und als Mädchen.
Sie rügt jede fromme Geste,
verbittet sich
das mitleidige Gesicht
und erst recht
das heimliche Zeichen
des Kreuzes.   6.10.98

Immer öfter
packt Lilli
der Schüttelfrost,
die Zähne knirschen,
ihr Kopf ruckt hin her.
Alle Decken aufeinander
wärmen nicht.

Danach ist sie bewußtlos,
viele,
viele Stunden lang.
Schließlich
eine ganze Nacht
und einen Tag.

Sie wird nicht mehr oft aufwachen,
warnt der Berater
von der Krebshilfe
und bringt weitere Infusionen.

Claudia kommt, die Tochter,
mit Andreas.
Frank-Oliver, der Sohn
mit Birgit.

Lilli ist ganz klar.
Sie spricht mit jedem,
will weiter kämpfen
und
verabschiedet sich doch.

Jeder,
der aus ihrem Zimmer kommt,
weint,
und verbirgt sein Gesicht.

Lilli weint nicht.

Ich schaue nach ihr.
Sie tastet nach mir, sagt:
Ich weiß nicht,
wie oft ich noch aufwachen darf.

Ich umarme sie
und wie immer stört dabei
der Infusionsknubbel auf der Brust.

Ich weine verzweifelt
und bitte sie um Verzeihung
für alle liebelosen Worte,
für alles liebeloses Handeln
in den Jahren unserer Ehe.
Müde, matte Handbewegung:
Daran kann ich mich
gar nicht mehr erinnern.

Später Blick ins Zimmer:
Sie klappert mit den Zähnen
und
geht schon wieder fort.

19.11.98

Lilli liegt im Sterben
nach einundvierzig Jahren
des gleichen Weges.

Ich höre Gott nicht in mir.
Ich fühle ihn nicht.
Alles Suchen,
gerade jetzt,
wo er mir nah sein sollte,
bleibt ohne Echo,
als wäre er
in vierzehn
Milliarden Lichtjahren Entfernung
in der letzten Galaxie
verschwunden.

Quanten-Physik:
Alles ist Geist.
Auch jede Zelle in mir.
Mein Geist,
eine Kopie
von Gottes Geist?
Oder doch nur
eine Kopie
von blinder Evolution?
Ist Gott
die Evolution?
Ist die
Evolution Gott?
Geboren schon im Urknall?

Und die Evolution?
Alle sechsundzwanzig
Millionen Jahre
ist sie an irgendeiner Katastrophe
fast gestorben.

Sie gab nicht auf.

Wegen uns?
Wegen des Menschen?
Er ist nicht
die Krone der Schöpfung!
Er wird sterben,
wie tausende Arten vor ihm.

Die Kontinente
schieben sich ineinander.
Feuer, Wasser, Schwefel überall.
Und irgendwann
implodiert die Sonne.
Das Licht erlischt für immer.
Dann willst Du da sein,
Herr?
Es ist doch nur eine
von hundert Milliarden Sonnen
in der Milchstraße
und diese Milchstraße
ist nur eine
von hundert Milliarden
Milchstraßen im Universum.   22.11.98

R.A.Moody, Kenneth Ring,
Elisabeth Kübler-Ross
und viele andere
berichten vom Weg nach dem Tod
durch den Tunnel
zum Licht.

Lilli hat sie alle
skeptisch gelesen,
wissenschaftlich zerpflückt,
als letztes Aufflackern des Gehirns:
Gnädiges Abschiedsfeuer
der Synapsen
für das verlöschende Geschöpf.

Es sind ihre letzten Tage.
Meistens bewußtlos.
Ich sitze oft bei ihr,
mit leisen Fragen ohne Antworten.
Oder ich erzähle irgend etwas
von früher, von heute,
wissend,
daß sie auch in ihrer Ohnmacht
noch vieles hört.

Abenddämmerung
im Krankenzimmer.
Schemenlicht auf Bett und Stuhl.
Geschlossene Augen,
schweres Atmen.

Ich sitze bei ihr.
Ich liebe diese Dämmerung nicht.
Ich gehe zum Schalter
und kündige ihr an:
Gleich kommt das Licht!

Sie fährt aus ihrer Ohnmacht
jäh zum Sitzen hoch,
klammert sich am Bettrand fest,
ruft:
Wo ist das Licht?
Wo ist das Licht?
Wo ist das Licht?

Ich erkläre ihr weinend,
das leider nur
das Deckenlicht scheint.
Es ist kein Licht von drüben.

Die aufgerissenen Augen
engen sich ein.
Enttäuschung
schrumpft das Gesicht.
Sie fällt
in die Ohnmacht zurück.

Herr, sie hat mehr geglaubt,
als sie wußte
und nur darauf gewartet,
daß Du sie berührst.   29.11.98

Der erste Schnee
flockt
vor dem Fenster
leise und dicht
aus den
schiefergrauen Wolken.

Lilli schlägt die Augen auf.
Schaut,
staunt,
erkennt,
hebt matt
und zitternd einen Finger:
Schau mal,
wie es ganz sanft schneit.

Wir sehen
jeder
großen Flocke zu,
wie sie schwebt,
sich wendet
und fällt.

Wir können nicht begreifen,
daß jede einzelne Flocke
von den Milliarden
und Abermilliarden
Flocken auf der Welt
einzigartig
und unwiederholbar ist.

Lilli folgt
mit ihrem Blick
dem
watteweichen Etwas
von
der Dachrinne
bis zum
Boden des Balkons,
als wolle sie
dieses
Schweben über der Erde
festhalten
als letztes Bild
und es
mit hinübernehmen
in den Tod.

1.12.98

Der Arzt seufzt und meint,
daß Lilli wohl nur noch
diese Nacht bei uns bleiben würde.

Ich halte ihre Hand.
Ich streichle ihr Gesicht.
Ich feuchte mit dem Wattestäbchen
ihre spröden Lippen an,
achte auf das kleine Kissen
unter der Wange,
damit die langsame Atmung
frei streichen kann.

Ich rede mit ihr.
Immer wieder fällt
nach den schlafarmen Nächten
mein Kopf auf das Gitter des Bettes.

Wir haben uns versprochen,
die Hand des andern zu halten,
wenn er für immer gehen muß.
Ich werde morgen
Tag und Nacht wachen.
Heute Nacht aber, bitte,
noch eine,
nur eine kurze Stunde schlafen.

Als wäre ich nicht von dieser Welt
taumele ich
ins Bett nach nebenan.

Aufwachen! Augen auf!
Die eine Stunde Schlaf
ist bestimmt schon um.

Nächtliche Stille im Haus.
Absolute, beklemmende,
erschreckende Stille.
Tödliche Stille.

Wo bleibt ihr Atem?

Ich schreie,
ohne mich zu hören.
Renne gegen den Türpfosten,
ihres Zimmers.

Sie atmet nicht mehr.
Leere Augen, halb geschlossen.
Nur das Ticken des Infusionsgerätes
dröhnt durch die Lautlosigkeit.

Der Blitz ihres Todes ist ohne Halt.

Ich habe in ihrer letzten Minute
nicht ihre Hand halten dürfen.

Herr, es ist gut,
daß es Dich nicht gibt,
sonst wärest Du ein Ungeheuer.

4.12.98

Die Gedanken des Todes:
Für immer,
für ewig,
sind als
Druck im Kopf nicht auszuhalten.

Ihn
gegen die Wand zu schlagen
bringt den Schmerz.
Er lindert nichts.

Weinend
stolpere ich durch das leere Haus.
Vom Keller
bis zum Dachboden.

Ich klage,
ich schreie,
ich wüte
gegen mich,
gegen Gott.

Diesmal
stehe ich nicht neben mir
und höre mir zu.
Diesmal bin es wirklich
ICH,
der weint
der schreit
den es zerstört hat.

Wenn
mich nichts mehr tragen will:
Die Beine, der Kreislauf,
die Seele, das Gehirn,
dann breche ich
neben ihrem Bett zusammen,
wälze mich auf dem Boden,
krächze mit leerer Stimme,
will nicht mehr da sein.

Die Samariterin
pflegt den toten Körper.

Der Arzt
stellt den Totenschein aus.

Die Leichenbestatter tragen sie
in einem Sarg aus Zelttuch
im Morgengrauen
aus dem Haus.

Ich bin mitten unter ihnen,
aber nicht dabei.
Ich will
ihre schalen Worte nicht hören.
Nur noch allein sein.
Nichts mehr fühlen,
als den Schlag des Kopfes
gegen die Wand.

4.12.98

Lilli im Sarg:

Medikamente,
nicht der Tod
haben ihr Gesicht verändert,
ihm die Lieblichkeit genommen.

Sie trägt ihre bunte Bluse,
ein Schaal in Regenbogenfarben
umrahmt das Gesicht.
Sie hat alle Kleider,
wegen der Allergien
nur aus Seide
selbst entworfen, gemalt, genäht,
und für die Beerdigung bestimmt:
Laßt mir auch im Tode
die bunten Farben des Lichts.

Eine Kerze flackert
mit ihrem Licht an den Wänden.
Musik von der CD von Vivaldi:
Das war ihr letzter Wunsch.
Ein Kuß zum Abschied
auf ihre Stirn,
und die Nacht
des Sargdeckels fällt über sie.

Meterhoher Schnee auf den Feldern.
Keine Sonne.
Glatte Straßen zum Friedhof.

Einen Pfarrer hat sie sich verbeten.
Kein Nachruf,
kein salbungsvolles Geschwätz.
Sie wollte nur
ein paar bestimmte Zeilen
aus meinem
Gebet eines Ungläubigen.
Der Bestatter trägt sie vor,
scheitert am fremden Wort Galaxie.

Sie wollte die Pietisten nicht an ihrem Grab.
Wir sind nur fünf Verwandte.
Starr, erstarrt, mit nassen Gesichtern.
Ein halbes Dutzend Nachbarn,
die sie kannten,
vielleicht ihr frohes Gemüt
und ihre Zuneigung vermissen.

Niemand muß hier frieren.
Es ist schnell vorbei.
Letzte Blumen fallen hinunter
auf den Sarg.

Hinter dem vierten Grabstein
warten schon die Männer
mit den Schaufeln,
um das tiefe Loch zu füllen.

Wir gehen. Ich will versuchen,
weiter zu leben.   9.12.98

Ich habe Dich gesucht,
Herr,
viele,
viele Jahre
in all den Büchern
der Wissenschaft,
geschrieben
von den
klügsten Köpfen,
mit und ohne Nobelpreis.

Von der Biologie,
über die Astronomie
bis zur Quantenphysik.
Vom Urknall,
und von der Welt
ohne Zeit und ohne Raum,
bis hin zu den
Quarks und Leptonen,
die beim Weitersuchen,
sowohl Welle, als auch Teilchen,
und damit eigentlich
nur noch Geist sind.

All die
gelehrten Schreiberlinge
finden
von den Milliarden Milchstraßen,
bis zu den Milliarden Quarks
und Leptonen,

tausendfache Rätsel,
tausendfaches Staunen,
tausendfache Fragen
ohne Antworten,
und sie zerreden
und
sie zerpflücken alles
in Hunderten von Theorien
und am Ende bleibt nichts,
als daß
Materie und Leben,
vom atomaren Feuer
der ersten Galaxie
bis zur Evolution
aus irgendwelchen
selbständigen Gesetzen
und ganz normalen Vorgängen
entstanden sind.
Ohne Schöpfung,
ohne Lenkung,
ohne Sinn,
ohne Gott.

18.9.00

Was haben
die angeblich
Christusgläubigen dieser Erde
der Welt im Mittelalter
alles angetan:

Andersgläubige verfolgt
und umgebracht.
Menschen
in schrecklichen Kammern
alle Knochen gebrochen.
Mißliebige
bei lebendigem Leibe verbrannt.
Millionen Menschen
auf Kreuzzügen,
in Macht-
und Religionskriegen getötet.
Mit Missionaren voran
ganze Völker ausgerottet.

Wellen des Zornes
gegen die Schuldigen
und Schauer des Mitleids
mit den Gequälten
schwimmen durch Seele und Verstand.

Und dann kommt
von den angeblich Berufenen
der heutigen Christenheit
ein Chor der Begründung:

Man darf die Schuldigen nicht
aus heutiger Sicht
beurteilen
und schon gar nicht verurteilen.
Die Menschen dieser
entmenschten Jahrhunderte
handelten angeblich
im Bewußtsein
der Gottesfrömmigkeit,
und
der Rechtgläubigkeit,
im damaligem Gefühl der Zeitumstände.

Aber:
Alle Verantwortlichen
kannten auch
im damaligem Gefühl der Zeitumstände
das Testament
über Jesus.
Dort steht
nichts von Folterung,
Scheiterhaufen
und Mord,
von Ausrottung,
Eroberungen und Krieg.
Dort steht
das Gegenteil:
Liebe
deinen Nächsten
wie dich selbst.   2.11.00

Schlechter Schlaf.
Alpträume.
Wache Stunden.
Gewissensnot:
Mein gestriges Urteil
über unsere
christlichen Vorfahren.

Ist es heute besser?

Mir schwindelt
immer mehr
und im Kopf hämmert es
beim Weiterdenken.

Auch
in unserer Zeit
wurden und werden
in einer Welt
mit Milliarden Christen
Menschen gefoltert,
und verfolgt.
Millionen Männer, Frauen, Kinder
in Gaskammern umgebracht.
Mit Napalm verbrannt.
Von Bomben
zerrissen.
Kinder
von Splitterminen
grausam verstümmelt.

Viel mehr Menschen als früher
wurden und werden
auf allen
Kontinenten
in grausamen Kriegen
von Fanatikern
und Sadisten getötet.

Es genügen
eine andere Meinung,
ein eigener Glaube,
die Hautfarbe,
die Nation-
oder Stammeszugehörigkeit,
Neid auf Bodenschätze,
und vieles andere mehr,
um Millionen
unschuldiger Menschen
nieder zu metzeln.

Auch heute
kennen viele Schuldige
das Testament über Jesus.
Mehr sogar als im Mittelalter.
Sie lesen heraus, was *sie* wollen
und unterschlagen
den eigentlichen Sinn
der Schrift:
Liebe zu allen Geschöpfen
dieser Erde.   3.11.00

Das große Universum
und das kleine Atom,
die Materie, das Leben,
das Gehirn
und sogar unser Geist
sind eine äußere,
reale Welt.

Die Wissenschaft
findet in ihr
für alles
natürliche Ursachen.
Sie kann deshalb,
Herr,
ganz und gar
auf Dich verzichten.

Aber in mir,
in uns allen
gibt es eine Welt
ohne Wissenschaft,
ohne äußere Realitäten,
ohne Zeit
und ohne Raum.
Hier,
im Unbewußten
kann ich
meiner Seele begegnen
und nur dort
kann ich,

wenn es Dich gibt,
Herr,
Dich
vielleicht
finden.

Und hier,
Herr,
sehe ich
auch viele Wissenschaftler,
die Dich
in der realen Welt
standhaft leugnen.
Hier sind auch sie
die Suchenden,
bar aller natürlichen Erklärungen,
die mir
zitternd die Hand reichen
und in hoffnungsloser Hoffnung
mit mir
in Demut
den gleichen Weg gehen wollen.

16.2.01

Vor
dreißig Jahren
konnte ich schon lange
nicht mehr glauben,
nicht mehr
die kirchlichen Gebete
beten,
und nur noch selten
als Ungläubiger
mit Gott zu reden versuchen.

Aber ich war
immer noch
Mitglied in der Kirche.

Ich habe sie damals
aus Überzeugung verlassen.
Ich wollte lieber allein
und verlassen sein,
als die Gleichnisse
und den Sinngehalt der Schrift
als lebenszerstörende Dogmen
von den Kanzeln zu hören.

Heute schleicht sich
manchmal, selten,
ein neuer,
ein universeller
Glaube an Gott
ganz zaghaft in mein Herz.

Ein Glaube
an einen Gott
wie der
von J.W.Goethe,
wie der
von Isaac Newton,
wie der
von Albert Einstein,
wie der
von Max Planck,
wie der
von C.G.Jung.

Aber:
Ein universeller Gott
löscht den persönlichen Gott aus,
den ich
immer noch suche
und finden will.

Ich habe
Konfession und Religion
durch das Suchen der Seele ersetzt.
Ich rede wieder
öfters
mit Gott,
auch,
wenn ich noch immer
von ihm
keine Antwort erhalte   19.12.01

Nun bin ich alt geworden.
Vater, Mutter, Schwester
sind
schon lange vor mir gegangen.

Meine erste Frau
starb an einer Lungenembolie,
und meine zweite an Krebs.

Freunde und Bekannte
die der Wind der Vertreibung
aus unserer Heimat
in ganz Deutschland verweht hat,
sterben ohne Abschied,
sind plötzlich nicht mehr da,
sind schon lange gegangen,
wenn mich
irgendwann
ein Brief
mit schwarzer Umrandung
aus ihren Familien erreicht.

Es war immer
etwas tröstlich,
wenn in den
Todesanzeigen meiner Zeitung
die Geburtsjahre
meistens
noch weit unter
meinem Jahrgang lagen.

Aber von Winter zu Winter,
wenn
die Anzeigen sich häufen
und die Daten
sich in meine Richtung schleichen,
geht es mir
mehr und mehr
wie
in den letzten Tagen des Krieges
und ich ducke mich
in den Schützengraben
meiner Angst,
spüre
die Erschütterung,
und das Bangen
wird zum Wissen:
Die Einschläge kommen näher!

10.2.02

Warum Herr,
wenn es Dich gibt,
läßt Du es zu,
daß jedes Mal,
wenn ich,
gehetzt von den Ängsten
vor der ewigen Vernichtung
meines Ich's durch den Tod,
in gläubiger Verzweiflung
weinend
die tastenden Hände
nach Dir ausstrecke,
daß dann
der Verstand,
die Logik,
der Intellekt
mit ihrem gemeinsamen Wissen
als Feinde des Glaubenwollens
das Gehirn
wie eine Horde des Krieges
überfallen
und
mit einem
unerschöpflichen Heer
von Gedanken
durch die Nervenleitungen
und über Synapsen toben,
plündernd und mordend
jede Gegenwehr überrennend,

bis die
Zweifel an Dir
wie
lodernde Feuer
und flüssiges Blei
in meine
ausgestreckten,
Dir entgegengereckten
Hände laufen,
die kraftlos erlahmen,
sinken,
fallen,
weil
Du sie
nicht ergriffen hast.

10.5.04

Unsichtbare Quanten
formen die Atome,
daraus formieren sich
die Moleküle,
wachsen zu Zellen,
bilden das Gewebe
und die Organe,
und die DNS bestimmt das Leben.

Im großen Gehirn
ist es vollkommen finster,
nur die Augen sind das
Tor nach draußen zum Licht.
Im Gehirn
ist es still,
es gibt dort keinen Laut
und nur die Ohren lassen uns
die Außenwelt hören.
Im Gehirn
war nie der Duft einer Blume,
feine Nerven machen ihn uns bewußt.
Das Gehirn
kennt auch nicht den Geschmack
von Äpfeln und Orangen,
aber wir genießen ihn.
Das Gehirn
kennt keine Berührung,
aber wir spüren das Streicheln des Nächsten
als wohligen Schauer
der Geborgenheit.

Soviel Aufwand,
soviel Wunder,
aber wir nehmen
trotz allem
nur die eng begrenzte Welt
unserer Sinne wahr.
Und diese Welt ergibt keinen Sinn.

Warum dürfen wir nicht
über die Mauern der verborgenen Welt
um uns schauen
und die *ganze* Welt erkennen
 - oder
könnten wir das erweiterte Geschehen
hinter den Mauern
mit unserem
begrenzten Gehirn
überhaupt nicht begreifen
und würden gar nichts mehr verstehen?

Die Evolution
stürmt seit Jahrmillionen
ständig vorwärts ohne Ziel.
Warum
schafft sie nicht endlich
einen sechsten Sinn
für die verborgene
Welt des Glaubens,
damit wir ihn erfassen
und verstehen können.   11.10.04

Die Sonne geht auf.
Es ist still
auf den Bergen
und
das gleißende Licht
leuchtet
in meine Seele.
Meine Zweifel,
Herr,
Deine und meine Feinde,
schlafen noch.
Ich möchte beten,
Herr,
so lange sie noch schlafen.
Laß es mich
wenigstens
einmal versuchen,
– nur versuchen:

Herr,
ich danke Dir,
daß es Dich gibt
und
daß Du immer bei mir bist.

Herr,
ich danke Dir,
daß ich den heutigen Tag
in Deiner wunderbaren Welt
noch erleben darf.

Herr,
ich bitte Dich,
hilf mir
im Kampf gegen meine Zweifel
und laß mich ihn gewinnen.

Herr,
ich bitte Dich,
hilf mir,
daß ich mehr und mehr
in Deinem Geiste
der allumfassenden Liebe
handeln
und leben lerne.

Herr,
Dein Wille
geschehe immer über mich,
aber wenn
ich nicht glauben kann,
dann gib mir,
bitte,
die Kraft,
meinen Unglauben zu tragen.

29.1.05

Herr,
Gott des Alten Testamentes:

Du bist mir
immer fremd geblieben:
Kleinlich,
ungerecht,
eifersüchtig,
nachtragend.
Launisch-boshafter Tyrann.
Rassistisch,
rachsüchtig,
grausam,
blutrünstig:
Du läßt
Frauen, Kinder
und Völker ermorden
und lobst die Täter.

Ein
solcher Gott
zerstört
meine Seele.
Wenn es dich gäbe,
möchte ich lieber
für immer
tot
und ausgelöscht sein,
als in
Deinem Geiste aufzugehen.

Dann kamst du,
Herr des Neuen Testamentes:
gütig, weise, fast immer gerecht.

Ein Prophet der Liebe:
Ein Mensch!
Keine kirchliche Dreifaltigkeit.

Du hast
gepredigt deinen jüdischen Brüdern,
wolltest ihrem Glauben
einen neuen Inhalt geben.

Du hattest nicht
die ganze Welt gemeint,
das haben erst
die Wunschträume der Urgemeinden,
die Schreiber
der Legenden der Testamente,
die Fanatiker, die Kirchen,
die Mörder der Naturvölker
hinzugefügt,
und dich dabei nach Gutdünken
verfälscht und verraten.

Mit dir, Herr,
und deinem Ursprungsglauben
kann ich viele Schritte
und manche Wege
gemeinsam gehen.   6.12.06

Der persönliche Gott
meiner Kindheit,
der über mich wachte
der mich beschützte,
bei dem
ich mich geborgen fühlte,
weil er
immer bei mir war,
der auch
meine kleinen Sünden
übersah,
weil er mich liebte.

Ich habe
ihm alles gebeichtet,
damit er
mich behält.
Ich habe zu ihm gebetet,
voll
von gläubigem Vertrauen.
Ich habe
nach ihm gerufen
in all meinen Ängsten.
Ich habe zu ihm
um
mein Leben gefleht,
wenn ich
im und nach dem Krieg
in Todesgefahr
gewesen bin.

Ich wollte
stets in seiner Nähe bleiben.
Ich wollte
mein Leben auf ihn bauen.
Ehe,
Familie,
Kinder,
Beruf,
und auch den Tod.

Mein persönlicher Gott
hat mich
nicht im Stich gelassen,
er ist auch nicht
von mir fortgegangen,
er hat sich
nicht einfach
als Schein aufgelöst:

Es hat ihn nie gegeben!

Und doch gibt es ihn.
Aber
nicht als persönlichen Gott,
sondern nur in allem,
was mich umgibt:
auf der Erde,
im Licht des Himmels,
in den
Ewigkeiten der Sterne.   21.12.06

Bandscheibenvorfall.
Schmerzen
Tag und Nacht.
Beim Gehen, Stehen,
Sitzen, Liegen.
Schweißgebadet
nach kurzem Hinken.
Fötuslage beim Schlaf.

Tabletten
und Ärzte ohne Hilfe.
Die Uni
will nur die LWS versteifen,
warnt gleichzeitig
vor den Gefahren
dieser Eingriffs.

Nach einem Jahr des Suchens
verspricht die
Mikro-Operation
eine Besserung.

In München ist Oktoberfest.
Das Taxi steht häufig im Stau.
In der Klinik
von einem Arzt zum andern.
Geräte, Maschinen.
Wochenenddienstgesichter
der Schwestern.
Draußen klingelt die Straßenbahn.

Die Operation
ist schon am Montag.

Das Bett,
fährt über den kühlen Gang
zum Saal der Chirurgie.
Vier Stunden soll es dauern.

Hoffnung auf Erfolg.
Kein Geschäft mit Gott.
Aber, Herr,
wenn ich
nicht mehr aufwache,
ist es für mich
ein schöner Tod.

Intensivstation:
Das Bein
ist leicht
und bewegt sich mühelos.
Und
es ist kaum zu glauben:
Die Schmerzen sind
gestorben.

Ob es dich gibt
oder nicht,
Herr.
Ich muß es trotzdem sagen:
Danke, Herr.   21.12.07

Weisheit des Alters:

Verflüchtigung aller Illusionen.
Keine Tagräume mehr.

Klammerung,
nein,
Beschränkung auf
die letzte Hoffnung,
an jedem Tag, zu jeder Stunde.

Resignation außen und innen.
Es ist nutzlos,
etwas zu ändern,
jemand zu ändern.

Einsicht,
daß alles gesagt worden ist.
Niemand hat recht.
Alle haben recht.

Gefühl, gelebt zu haben,
ohne gelebt zu haben.

Angst vor dem Sterben,
Angst vor dem Tod,
vor dem
Ausgelöschtwerden
des Geistes
für immer und ewig.

Fortgehen ohne Spuren,
ohne Wiederkehr.
Die Evolution
zieht
im Millionen-Jahre-Schritt weiter.
Woher?
Wozu?
Wohin?
und läßt mich
als Molekül der Erde zurück.

Gott?
Eine müßig gewordene Frage.
Niemand
kann sie beantworten.
Und
wenn es
eine Antwort gibt,
können
wir sie nicht erfassen,
sie mit der Beschränktheit
unseres Geistes
nicht verstehen.

Weisheit des Alters:
Gefühl,
noch zu leben,
aber schon
gestorben zu sein.

24.3.08

Heute, vor zehn Jahren
ist Lilli, meine Ehefrau
an Ovarialkrebs gestorben.

Oft hat sie mir gefehlt,
oft auch habe ich von ihr geträumt.
Aber ich habe ihre Worte
nie vergessen, die sie sagte,
als sich der Tod
in ihre Seele schlich.
Sie war fieberfrei,
ihre Augen klar,
die Stimme ohne Schwanken:
Bleib nicht lange allein,
suche dir ein frauliches Wesen,
das du lieben kannst,
sonst werden die Erinnerungen
und die
Einsamkeit dich umbringen.

Diese Vorstellung war für mich
damals so weit weg,
wie die Milchstraße.

Und doch öffnete mir
irgendwann ihre Mahnung
das Herz und den Verstand.

Hiltrud.
Ich mochte sie von Anfang an.

Das Schicksal hat sie in ihrem Leben
durchgeschüttelt.
Von der Flucht aus der DDR
bis zum Aufbaukampf im Urwald.

Ihr Leben lang mußte sie
immer wieder von vorn anfangen.
Ihre Hoffnung auf die Zukunft
hat sie sich nie nehmen lassen.

Sie vertraut Dir, Herr,
still und ohne Eifer,
ohne Dogmen und ohne Legenden.
Ich freue mich mit ihr,
daß ihr ruhiges Denken
in Gott geborgen ist.

Sie versteht, daß ich ihr
in diese Untiefen nicht folgen kann.

Sie ist für mich
die Gefährtin des Alters.
Anschmiegsam, voller Mitgefühl,
Zuneigung und Liebe.
Ich gehe mit ihr und Sie mit mir
jeden Gedanken, jeden Schritt.
Am Anfang kamen meine Gefühle
aus Herz und Verstand.
Jetzt sind sie tief
in meine Seele gewandert.   04.12.08

Ich träumte, daß die Sonne
mit weißem
Schleier sich umflorte,
schwächer schien
und dann vor meinen Augen
ins Weltall sich entfernte.
Sie wurde kleiner und kleiner,
war nur noch sonnenblumengroß,
eine Klematisblüte,
eine Kugel wie eine Rose,
versinkend zur Wegwarte.
Nach einem Lidschlag
fand ich sie nicht mehr,
konnte sie von den Sternen
nicht mehr unterscheiden.

Ich sah ringsum in den Himmel.
Die Lichter der Milchstraße
waren noch da.
Sie strahlten wie immer
und ein weicher Wind
strich mir durch das Haar.

Dann fielen Entsetzen und Panik
erneut in mein Herz.
Ich starrte
wieder in den Himmel:
Die Sterne zogen
sich ganz langsam,
aber erkennbar ebenfalls zurück.

Sie wurden schneller.
Die schwarze Nacht
nahm zu,
beengte von allen Seiten
meinen Horizont.

„Bleibt stehen, kommt zurück",
weinte ich.
„Ohne Gott kann ich
– vielleicht –
leben, aber nicht ohne Licht."

Die Sterne fingen an zu rasen,
tiefer, tiefer,
fielen sie in den Kosmos hinein,
wurden schwächer
und schwächer,
blinken blaß, verglommen.
Ringsherum eine Schwärze,
daß ich die Hand
vor meinen Augen nicht mehr sah.

Aufwachen! schrie ich im Traum
gegen den Traum,
in tausend Albträumen gelernt,
und riß die Lider auf.
Ringsherum nur schwarze Nacht,
daß ich die Hand
vor meinen Augen nicht sah.

21.12.08

Vocatus atque non vocatus,
deus aderit:

Gerufen oder nicht gerufen,
Gott wird da sein.

Erasmus von Rotterdam
in „Collectanea adagiorum", 1563

(gemeißelte Inschrift
über der Eingangspforte
des Hauses von C.G.Jung)

$$E = mc^2$$

Der heutige Tag:

Dies
ist
das
Leben!

Mehr gibt es nicht.

Vom gleichen Verfasser sind erschienen:

Licht in dunkler Nacht

Roman
über die Zwangarbeit in einem Bergwerk 1945/46.
Bitter Verlag, Recklinghausen, 1979.
Geb., 168 S.
Vergriffen.
Neuauflage unter dem Pseudonym
Friedrich von der Tannen
unter dem Titel

Der Tod schläft auf Stollen 17

Freiburger Echo Verlag, Freiburg, 2000.
Paperback, 168 S.

Unter dem Pseudonym
Friedrich von der Tannen

Die Hütte am Abgrund

Roman
über die Flucht vor dem Krieg in eine Gebirgshütte 1945.
Freiburger Echo Verlag, Freiburg, 1998.
Paperback, 156 S.

Tausend Feuer im Ozean

Roman einer Krebsheilung.
Mit medizinischem Fachwörter-Verzeichnis,
wichtigen Adressen- zum Thema Krebs,
Literatur-Verzeichnis zur weiteren Information.
Mauer Verlag, Rottenburg, 2006
Geb., 330 S.

Erhältlich im Buchhandel